comme le constatons

LA VIERGE

VISIBLE POUR LES
HERMAPHRODITES
SEULEMENT

RÉCLAME

PAR

G. d'ESTOC

Illustrations

PAR

FERNAND FAU

PARIS · À LA LIBRAIRIE RICHELIEU
104, Rue Richelieu, 104

LA

VIERGE-RÉCLAME

LES GLOIRES MALSAINES

LA VIERGE

RÉCLAME

PAR

G. D'ESTOC

Illustrations

PAR

FERNAND FAU

PARIS, A LA LIBRAIRIE RICHELIEU

104, Rue Richelieu, 104

AVANT-PRÉFACE

Ce livre n'est pas écrit pour les femmes ; les unes y apprendraient ce qu'elles *peuvent* et doivent ignorer ; les autres n'y trouveraient aucun aliment *nouveau* pouvant satisfaire leurs tristes curiosités.

C'est même à regret, cédant aux circonstances, que nous abordons ce genre si en dehors de nos habitudes littéraires, et que nous commençons cette série : *les Gloires malsaines.*

L'AUTEUR.

PRÉFACE

J'aurai cette hardiesse de la camper debout, dans la pleine lumière, sous la clarté crue et impitoyable de la Vérité...

Je l'aurai... En dépit de ce rempart d'hommes qui l'entourent, heureux de courber leurs échines sous ses pieds menus. Vivant piédestal! qui l'élève en une apothéose savamment obscurcie par des fumées d'encens, des nuages pleins de mystère...

1

*Pas un ne s'avancera pour venir me dé-
fier bien en face ; pas un ne me dira : « Soit !
Nous allons voir si vous avez menti... »
Je doute même que la justice soit re-
quise pour me demander compte de mes
audaces ; — ces procédés étant encore de bon
aloi. — Mais, sur un signe de la charmeuse
aux yeux bridés d'orientale perverse, ces
gardes du corps et de la* réclame *me jette-
ront ce qui se trouvera sous leur main...
Et ce sera de la boue...*

*Allons, messieurs ! Lapidez-moi ! J'en-
lève, un à un, les voiles de votre idole...
Elle apparaît, dans sa nudité grêle et ma-
ladive de gamine détraquée.*

*C'est la création du jour... C'est la femme
des fins de siècle, surmenés par une civilisation hâtive. Epoques troubles, angoissées*

de malaise, où les races trop affinées sup-
pléent à la force par la fièvre, au sang par
les nerfs.

Ces époques-là sont toutes empreintes
d'une marque particulière : la recherche
d'un idéal nouveau et bizarre en amour...
Recherche impuissante et vaine..., car l'instinct de l'amour, le plus profondément an-
cré au cœur humain, est le seul, peut-être,
qu'on n'arrivera jamais à faire dévier,
toute déviation amenant comme consé-
quence inévitable la fin de la race.

N'importe ! Ils s'obstinent les pauvres
décadents lassés des lois constantes qui font
le monde trop vieux.

C'est alors le règne des êtres stériles, des
hystériques, mangés de chlorose et d'ané-
mie ; c'est le moment où apparaît une litté-

rature étrange, souvent merveilleuse de
forme, mais incohérente, stupéfiante, désor-
donnée... La littérature aux titres hur-
lants tels que : l'Homme-Vénus, aux illo-
gismes voulus, aux insanités qu'on érige
en lois.

Ce règne dure peu. La tourmente ap-
proche ; puis, se déchaîne. Du Nord ou
du Sud, des flots de peuples jeunes surgis-
sent, des hordes vivaces, innombrables.
Elles s'avancent... On les entend de loin,
faire sonner la terre sous leurs pas pesants.
Et les énervés se lèvent, pâles d'effroi...
Souvent encore, sachant bien mourir.

C'est le retour à la réalité brutale et
pressante qui emporte tous les rêves mal-
sains.

Puis, le conflit s'apaise ; vainqueurs et

raincus se confondent ; les races se mêlent ; l'accord se fait.

Et l'humanité reprend sa marche, allant ainsi, d'étape en étape, vers un mystérieux inconnu...

G. D'ESTOC.

UNE GAMINE QUI PROMET

ELLE avait quinze ans, l'air ra-
chitique d'une enfant qui a
grandi dans les crises de nerfs, la poitrine
plate, les reins trop hauts, le buste trop
court, des mollets de jeune coq.

La tête, un peu forte pour sa taille exi-
guë, était d'un garçonnet plutôt que d'une
fille ; un garçonnet roué, pâli, trop avancé
pour son âge. Mais les yeux étaient bien
félins, frangés de grands cils noirs qui les

2

noyaient dans une ombre. Et jamais ces yeux ne regardaient en face. La prunelle fuyait, se dérobait....

Pour qui l'eût observée, toute la femme se révélait dans cette particularité du regard ; la femme résolue à ne pas se laisser surprendre, à cacher le fond de sa pensée qu'elle sentait mauvaise et coupable ; la femme décidée à mentir à tous et à ne se livrer à personne.

Les mains aussi étaient caractéristiques : des mains fluettes, aux doigts pointus, recourbés en dedans comme des griffes.

Et cette enfant singulière, que personne ne connaissait, débarqua un jour à Paris, venant du fond de sa province, à la recherche d'un avenir de gloire et de fortune. Sa mère, une femme jeune encore, et belle, l'accompagnait.

Elles arrivaient comme tant d'autres, confiantes et résolues, croyant avoir vu leur étoile luire dans ce coin de ciel qui flamboie d'une clarté plus intense au-dessus de la cité exubérante et la désigne aux regards du monde... Telle la buée rougeâtre qui ensanglante, l'horizon l'indique, le soir, aux promeneurs attardés dans la banlieue.

Combien il en est venu ainsi dans la grande ville si dure aux faibles, si implacable aux humbles, si aveugle, si injuste, et pourtant si prompte à l'enthousiasme, si amoureuse d'art, si généreuse dans ses admirations !

Combien il en est venu, qu'elle n'a jamais rendus...

Pauvres pèlerins ! à la foi robuste, accourant en troupe vers les lieux privilégiés où s'opèrent des prodiges, où se font les fortunes soudaines, les célébrités hâtives. Ils attendent un miracle du dieu Hasard. Mais on ne sait jamais où le dieu Hasard, aveugle et sourd, va chercher ses élus.

Ils meurent à la peine, les pauvres

croyants! inconnus, dans la foule ano-
nyme... Ils meurent de cette triste mort
hantée, à la fois, par le regret des choses
inaccomplies et celui des joies paisibles
qu'on a dédaignées...

Et Paris, la ville immense, monstrueuse,
dévore périodiquement son tribut de victimes.

Mais la chétive gamine, en abordant le
monstre, pygmée qui se mesure à un co-
losse, avait frappé le sol de son talon mi-
nuscule et avait dit :

« Je le dompterai !... »

Elle ne devait pas être scrupuleuse sur
les moyens ; elle ne le fut pas.

On se rappelle encore, dans certains bureaux de rédaction, avoir vu ces deux
femmes, à tournure provinciale, venant présenter de la copie. La petite, avec ses jupes
courtes, ballonnées, portant ses manuscrits... surprenants ; la mère, avec ses

bandeaux plats et son visage sérieux.

A Paris, où rien n'étonne, on s'étonna pourtant de ce fait peu normal : une mère grave produisant dans le monde littéraire une fille de quinze ans, auteur d'une prose qui ferait rougir des carabiniers...

Mais comment cette enfant, d'une instruction très élémentaire, s'était-elle senti la vocation des lettres, ou plutôt, la vocation d'écrire ?

Une facilité d'élocution qui lui venait de sa nature méridionale, un don de réparties vives, de saillies piquantes qui faisaient se pâmer d'aise son entourage bénévole, une ambition enfin, justifiée ou non, lui avaient paru les signes précurseurs d'une réussite certaine.

Quand on écrit comme on parle, sans souci de la forme, de l'art, du haut désir d'enfermer sa pensée dans une phrase harmonique, on se croit aisément écrivain ; de même qu'on se croit chanteur, quand on a de la voix et qu'on ignore qu'il existe une méthode pour chanter.

Nous ne savons ni comment, ni pourquoi la mère se sépara de sa fille et nous ne voulons, en cette étude, rien avancer de ce dont nous ne sommes pas certains. Toujours est-il que la jeune personne fut bientôt libre de ses actes.

La vie eut, à ce moment, quelques duretés pour elle ; duretés qu'elle se plait aujourd'hui à exagérer. Nous ne croyons pas, ainsi qu'on nous l'a parfois donné à entendre, qu'elle connut jamais les *horreurs de la faim.* Nous croyons que sa prose inexpérimentée, sèche, anguleuse, brutale, lui valut quelques insuccès dans plusieurs journaux.

Elle n'était point alors nimbée de ce prestige qui impose et même *en* impose aux plus intègres : la renommée ; de quelques éléments qu'elle soit faite. Sa prose est restée la même, à l'inexpérience près. Personne ne s'en avise.

Je ne sais pourquoi j'ai de la peine à
m'apitoyer sur les gens *arrivés* qui ont
« connu la faim. » A coup sûr, ils n'en
sont pas morts. Il faut, en somme, peu de
chose pour se nourrir; on arrive toujours
à trouver ce peu de chose. Avoir faim nous
paraît certainement désagréable... quand
on n'est pas sûr de dîner; mais, je le répète, lorsqu'on a survécu, c'est que le désa-
grément fut passager, et je connais, moi,
des souffrances plus cruelles, plus doulou-
reuses et... moins fugitives.

Faut-il rappeler ici la légende qui représente la belle et susdite jeune fille, faisant
couper ses magnifiques cheveux, pour les
vendre, (cinq cents francs) à un *prince*, (si
ce n'était un coiffeur, c'était donc un prince!)
lequel les fait enfermer dans une châsse
(dorée, n'est-ce pas?) dont il porte toujours
la clef, (sur son cœur, c'est bien certain).
tandis que la châsse (mystère et néant des
transitions!) reste en dépôt chez un sculp-

teur de la rue Notre-Dame-des-Champs...

O Mendès ! vous regrettez le temps des
légendes ! Mais, nous y sommes en plein.
N'est-ce pas des légendes que tous ces racontars sur la vie intime de nos artistes
célèbres, qu'on sert en pâture au public,
qui les accepte niaisement, béatement, sans
paraître autrement affecté par leur exagération, leur ridicule et leur impudence ?

Quand je songe aux infinités de sottises
qui s'impriment chaque jour dans nos journaux, je tremble pour l'histoire que nos
petits-fils feront de nous...

Il est aussi un singulier mérite de notre
héroïne qu'on nous convie beaucoup à ad-
mirer.

Des biographes chaleureux, témoignant
plus de bonne volonté que de délicatesse,
nous laissent rêveurs sur cette phrase :

« Elle aurait pu se vendre comme tant
d'autres... Elle ne l'a pas fait !... »

Voilà qui est beau !... Beau et simple ;
car je n'imagine pas que les femmes soient
communément destinées à se vendre... Il
en est quelques-unes qui se livrent à cette
industrie par *vocation* ; mais il en est beaucoup plus qui, ayant une carrière à choisir,
n'ont jamais songé à celle-là.

Autant vaudrait dire :

« Elle aurait pu naître, messieurs, mesdames, avec une difformité quelconque, un
vice de conformation... Eh bien, c'est étonnant, mais elle n'en a pas ! »

Ah ! comme il est typique, cet éloge !
Comme il montre bien où nous en sommes !
Ce n'est plus faire injure à une femme que
de supposer un instant qu'elle aurait pu se
vendre ; c'est une louange...

Et l'héroïne, elle-même, avec une omis-
sion incroyable de dignité, clame, dans la
préface d'un de ses ouvrages, qu'elle « n'a
pas voulu s'asseoir sur les genoux des
vieillards... »

3

Voyons, mesdames, j'en appelle à votre conscience :

Avez-vous jamais pensé vous faire un mérite de *ne pas vous asseoir sur les genoux des vieillards ?...*

Pour moi, je dois le dire, j'ai connu peu de femmes à qui des vieillards offraient leurs genoux...

Décidément, toutes les vertus de Mlle Raclife (ainsi se nommait la belle et redoutable jeune fille dont j'ai entrepris de vous conter l'histoire) se définissent par la négative.

Voyez-vous, lecteurs, il est toujours habile et prudent de n'afficher de prétentions qu'aux qualités qui se constatent... malaisément.

Donc, je me permettrai d'émettre cette opinion, que si notre héroïne connut la faim et resta vertueuse, ce fut une faim peu sérieuse et une vertu qui n'a rien d'héroïque.

En tous cas, elle ne connut pas le pire des supplices : la solitude, l'abandon. Elle

eut toujours autour d'elle des amis aux
dévouements de terre-neuve ; maladroits,
puisqu'ils exaltaient sa vanité folle et déve-
loppaient son égoïsme féroce ; mais, enfin,
des dévouements. Elle intéressait, cette
petite ; on la trouvait fière et courageuse.
Et puis, on sentait sourdre en elle des
choses extraordinaires...

On ne se trompait pas. A vingt ans,
Mlle Raclife publia un livre sans précédent :
L'Homme-Vénus.

L'HOMME-VÉNUS

L'HOMME VÉNUS

ous vivons en des temps d'excentricités qui nous ont préparés à tout.

Quand la logique est mise à de trop rudes épreuves on doute moins, on ne s'étonne plus.

Il est un état passager de l'âme dont nos pères, moins exigeants que nous, se divertissaient fort et qui a fourni un élément de gaieté à toute une littérature, c'est l'ahurissement, ou la surprise du bon sens.

L'âme moderne ne connait plus de telles faiblesses...

On ne voit plus de gens ahuris.

Cependant, si on venait nous dire que la Chambre a équilibré son budget..., que l'Extrême-Gauche a perdu l'occasion de faire une sottise et M. de Cassagnac une occasion de se taire..., qu'on a enfin découvert pourquoi « Il nous *fallait* Boulanger..., » qu'on a pu lire sans bâiller un article de la *Revue des DeuxMondes*..., que Mme Adam a tendu gracieusement la main à Fouquier.... qu'Armand Silvestre ne parlera plus de Laripète..., qu'Ignotus a écrit une phrase en français..., que Mlle Abelama s'est enfuie avec un ténor et la marquise d'Elbœuf avec un écuyer de cirque... (la vertu de ces dames étant notoire, voilà ce que je veux dire) qu'Altresse a divulgué son âge....

qu'Henner a composé un tableau... et mille autres choses aussi improbables, nous trouverions encore quelques sourires d'incrédulité... Mais, lorsque des gens, mal convaincus, je suppose, ont voulu nous persuader qu'une jeune vierge vertueuse venait d'enfanter ce monstre : l'*Homme-Vénus* (par l'opération du malin et non du saint Esprit, j'aime à le croire...), oh ! pour le coup ! nous sommes restés ébahis...

Vertu ! tu n'es qu'un mot..., ou l'*Homme-Vénus* n'est pas d'une vierge...

La genèse de ce livre serait curieuse, mais nous semble impraticable. Tout au plus, peut-on l'indiquer.

Nous croyons voir ici la recherche d'une dépravation absolument inédite, qui ne doit ressembler à rien de connu, qui n'est pas celle de Lesbos, non plus celle des disciples de Virgile. Naturellement, c'est à l'absurde qu'aboutit cette recherche. L'idée est tellement insane, qu'on peut lire l'ou-

4

vrage d'un bout à l'autre, sans y rien comprendre.

C'est ce qui advint à un de nos confrères
qui ne passe point pour un naïf.

Quand on interroge Mlle Raclife, elle vous
répond, d'un air ingénu :

— Voilà : un de mes amis, P. A...,
m'avait narré, dans tous leurs détails, les
rites de certains mystères modernes... Un
de ces détails m'a frappée, et j'ai bâti là-
dessus une histoire.

Et Mlle Raclife se moque de son interlo-
cuteur.

Ce sont bien des causes psychologiques
qui ont amené la conception de cette œuvre
étrange où l'infamie le dispute au comique.

Il est impossible de ne pas s'apercevoir
que nos derniers décadents portent leurs
curiosités vers un genre de corruption
assez négligée jusqu'alors.

En ces années récentes, des livres ont
paru, d'une poésie tout exotique, enfermant

je ne sais quel mystère trouble, dont nous avons la prescience, sans pouvoir en acquérir la certitude... Et, tandis que nos poètes chantent, avec des tendresses singulières, la beauté des éphèbes, nos militaires et nos voyageurs, revenant d'expéditions lointaines, nous parlent avec insistance des mœurs étranges aux pays du soleil... Et les cerveaux détraqués de notre vieille Europe sont pris d'une fièvre malsaine.

Qui voudra observer attentivement Mlle Raclife verra, qu'en bonne décadente, elle est préoccupée, attirée, par ce genre d'aberration qu'elle a voulu encore compliquer, raffiner, singulariser, tant et si bien, qu'elle en est venue à cette création monstrueuse d'une femme-homme aimant un homme-femme.

Nous l'avons dit : une gestation de monstre.

Son héroïne est une espèce de virago froidement perverse, qui n'a rien d'humain.

Heureusement... Création fantasque et odieuse, sortie d'un cerveau malade... Un cas invraisemblable d'hystérie, inventé par une hystérique... Car il est peint avec tant d'amour ce caractère, que nous sommes bien forcés d'y voir comme une vague ressemblance et des trahisons de portrait. Visiblement, l'auteur a voulu lui conserver une certaine grandeur.

La *victime* de cette hyène, travestie en lionne, est un être non moins hors nature dans son ignominie inconsciente, sa lâcheté, sa bêtise outrée. C'est la déchéance de l'homme dans ce qu'elle *pourrait avoir* de plus abject et de plus répugnant.

L'homme – prostituée !... Quelle belle invention ! Quelle nouveauté ingénieuse !... Avoir donné le jour à ce type, n'est-ce pas superbe, grand, génial ?

Au surplus, voici le scénario :

Une jeune fille du grand monde, du plus grand monde, croyez-le bien, (Dieu vous

préserve, ô familles ! de ces jeunes filles-
là...) doit, pour aller au bal, se procurer
une parure de fleurs artificielles.

Dans la vie courante, une femme qui a
besoin d'une parure de fleurs, prend, suivant sa situation de fortune, l'omnibus, un
fiacre, ou son coupé, et va l'acheter... où on
les vend. Les magasins abondent. Peuh !
que voilà bien la banalité de la vie !...

Dans un roman comme celui de Mlle Raclife, qui s'intitule « roman matérialiste, »
mais dédaigne toute accointance avec la
réalité, la femme qui a besoin d'une parure
de fleurs, monte *inévitablement* dans son
coupé (elle en a toujours un) lequel file
vers *l'extrémité* du faubourg Saint-An-
toine, et s'arrête devant une maison *d'appa-
rence modeste.*

La grande dame monte un escalier *gluant*
(toujours gluants, ces escaliers) arrive à
une *mansarde* et, au lieu d'une fleuriste,
trouve *un* fleuriste.

O destin ! voilà de tes coups !

Ce prologue un peu rococo nous fait espérer un bon petit roman sentimental, le roman à grisettes, si fort en vogue, il y a trente ans, alors qu'existaient ces grisettes tant regrettées.

Détrompez-vous, ô mes lecteurs ! C'est une épopée... L'épopée du vice dans l'absurde.

La jeune fille du plus grand monde s'éprend instantanément de l'ouvrier fleuriste pour avoir aperçu dans l'entrebaillement de sa chemise, un duvet roux, sur sa poitrine... — Mazette ! Voilà qui dénote des aptitudes bien particulières chez cette ingénue.

Libre, majeure, orpheline, possédant une immense fortune, ladite ingénue n'y va pas par quatre chemins et met l'ouvrier dans ses meubles, du jour au lendemain.

Et l'idylle commence.

La jeune fille, habillée en homme, vient, la nuit, rendre visite à sa maîtresse... mâle, habillée en femme.

M'est avis que ce volume pouvait rigoureusement s'intituler : *A rebours,* si le titre n'avait déjà été pris.

Nous sommes, comme on le voit, en pleine démence.

Les amours excentriques de cette femme costumée en homme et de cet homme costumé en femme se poursuivent durant une année, au milieu des coups de cravache, d'un bris de potiches, des scènes poissardes... Puis, le charmant couple, on ne sait pourquoi, éprouve le besoin de faire légitimer sa liaison.

Dit-on s'il la fait bénir? Je crois que oui. Enfin, ils s'épousent.

Le monde, pas toujours bête, flairant en ceci un mystère suspect, s'éloigne d'eux. Je le crois.

Ils vivent donc en un tête-à-tête perpétuel qui commence à devenir fastidieux ; pour le lecteur, surtout.

Mais, à la suite d'un incident, que je ne rappellerai pas, parce qu'un rôle odieux y est donné à un officier français, le jeune homme, déchu de sa qualité de mâle, songe enfin à se relever et, à cet effet, on décide qu'il se battra en duel.

Il est perforé à la première passe. Ce qui n'est pas étonnant, après une telle éducation.

Sa... femme, qui ne lui a permis d'être homme qu'en cette circonstance funeste, le fait embaumer, non, l'empaille elle-même... comme un petit chien favori et continue à l'entourer d'un culte *sensuellement* passionné.

N'est-ce pas que voilà un roman original ? ô mes lecteurs stupéfaits !

Mais ce qui est intraduisible, voyez-vous, c'est *l'éloquence* sérieuse apportée à peindre cette passion dans l'ignoble, la fange et la boue... C'est la verve de ces descriptions lubriques, où l'on sent comme une réminiscence des ardeurs païennes et faunesques, de cet art bestial, aux inconscientes impudeurs, qui a marqué la décadence latine.

J'ai dit que l'*Homme-Vénus* pouvait se lire, d'un bout à l'autre, sans être compris et, en effet, la clef invisible du roman est comme une bête immonde, gisant au fond d'une boîte, dont le couvercle ne se soulève que pour les initiés...

Et c'est bien là ce qui fait le livre terriblement dangereux.

Comme révélation d'obscénités, aucun, je crois, n'a été plus loin ; si ce n'est pourtant l'ouvrage interdit (six mois après son apparition) de M. Dubut de Laforest. Mais encore, Dubut de Laforest décrit en narrateur fidèle, impartial et indifférent. Qu'on lui conteste l'opportunité de ses descriptions, ah, certes ! je le comprends, et six

5

mois de prison m'ont semblé un châtiment
bien doux pour son coupable exploit. C'est
le peintre des vomissures et déjections sociales. Toutefois, ce qu'il retrace existe,
malheureusement, nous n'en pouvons dou-
ter, et ce triste récit une fois fait, nous n'en
demandons pas plus. Il ne reste qu'à ouvrir les fenêtres pour chasser l'air empesté
et à nous occuper d'autre chose.

L'*Homme-Vénus, incompréhensible,* in-
quiète, tourmente, torture l'esprit ; le force
à passer par toutes les suppositions obscènes ; à remuer de l'ordure, à s'enlisser
dans la vase. On cherche, on veut savoir...
C'est une obsession, un cauchemar, une
bête rongeuse logée dans le cerveau...

Et les têtes faibles se détraquent... Et on
en meurt... comme nous le verrons.

Vrai cas de contagieuse folie.

Voilà pourquoi ce livre nous paraît plus
perfide que tous ceux du genre.

Autre chose encore : que les détails en

soient érotiques, c'est affaire au lecteur d'y
attacher plus ou moins d'importance, mais
la grande immoralité, l'audace inouïe, la
profanation éhontée, c'est d'avoir voulu
faire sortir de ces turpitudes un amour
vrai, conscient, persistant. Dieu du ciel !
l'amour sorti de cette honte !... L'amour
d'une fille de race pour le mâle ignoble qui
se vend !... Ils s'aiment ! ces deux êtres aux
accouplements monstrueux !...

Après la dégradation de l'*homme,* la dégradation de l'*amour*... Les fous, dans
leur logique, sont parfois effrayants...

Et l'indignation publique ne se lève pas
terrible, pour châtier de tels méfaits ?... Et
la criminelle qui verse à ses semblables ce
poison lent qui tue..., la sinistre mar-
chande qui débite cette drogue dangereuse
qui rend fou, n'est pas frappée d'un verdict
sans retour, flétrie, stigmatisée, mise au
ban de la société ?...

L'apothicaire qu'on surprendrait à vendre

une liqueur saturée de cantharide ou de
belladone, relèverait directement des tri-
bunaux ; mais, empoisonner les âmes !
c'est peu de chose, et la loi semble impuissante à refréner ces crimes, faute de résul-
tats apparents.

La peur de l'arbitraire, louable, en
somme, effraie la justice humaine. Soit.
Que l'opinion des honnêtes gens, en ce
cas, supplée à la loi. Qu'elle traite en lé-
preux ces fauteurs de désordre moral.

Mais l'opinion est faite par les majorités
à vues courtes, non par les minorités au
sens droit. On lui découvre tantôt des sévé-
rités révoltantes, tantôt des indulgences
imbéciles. Et, pour peu qu'elle sache s'y
prendre, la femme qui a renié toute pudeur,
voit encore des salons s'ouvrir devant elle
(salons interlopes, il est vrai), et des princes
(de pacotille, c'est encore vrai) se mettre à
ses pieds.

Toutefois, quand nous voyons, nous, un

de nos confrères (1) produire à son bras Mlle Raclife dans des fêtes officielles, lui ouvrir les colonnes d'un journal modeste, mais honnête, nous cherchons quels étranges compromis peuvent se faire dans une conscience d'homme, quand celui-ci désire plaire à une jolie femme.

Très naïvement, nous demeurions convaincus que le Parquet, qui s'avise parfois de délits moins graves, avait saisi et interdit l'ouvrage (édité en Belgique) de Mlle Raclife. Nous avons pu constater dernièrement qu'on le vendait partout, sans la moindre gêne. L'étranger en fait une consommation et l'Allemand, sans doute avec un mauvais sourire sur la face, murmure joyeusement :

« Oh! ces Français!... »

(1) Ce *confrère* (hélas ! il n'y a pas de quoi en être fiers) nous a prouvé, depuis, que sa *conscience* se prêtait à bien d'autres compromis et que ses galanteries ne coûtaient cher... qu'à l'Association des Journalistes républicains.

On oublie trop que l'*Homme-Vénus* n'est pas signé du nom seul de Mlle Raclife.

Quel triste sire a pu prêter sa collaboration à une telle œuvre qui trahit à chaque mot le mépris de l'homme? On dit que ce collaborateur n'a rien fait qu'un chapitre; le plus mauvais naturellement.

Mais il est facile de voir que, de tous les romans de Mlle Raclife, celui-ci est le seul qui présente une composition claire, une trame, un dessin, un plan arrêté. L'idée se poursuit du premier jusqu'au dernier mot, avec un souffle de passion malsaine. La fin est ridicule, mais les prémices étaient baroques.

Ces qualités, sans doute, sont la part du collaborateur, dues à un cerveau mâle moins atteint d'hystérie que le cerveau féminin de Mlle Raclife. Pour s'en convaincre, il suffit de jeter un coup d'œil sur le reste de son bagage littéraire : ouvrages mal équarris, obscurs, diffus, incohérents, noyés de menus faits qui ne sont coordonnés par aucun lien.

Quant au type de ses héroïnes, il est et restera toujours le même, puisque c'est sa personnalité qu'elle met en jeu.

Les femmes ont ceci de particulier, qu'avec toute leur souplesse d'esprit, elles ne savent point varier leurs types.

Donc, nous l'avouons, bien à regret, mais dans un esprit de justice qui ne cessera de nous guider, l'*Homme-Vénus* est, malgré tout, une œuvre littéraire. Ceci tient, comme il a été dit, aux avantages de la collaboration et à une autre cause que nous croyons avoir surprise.

Quand Mlle Raclife écrivit ce livre, elle n'obéissait qu'au désir de manifester les extraordinaires fantaisies de son imagination ; elle donnait libre cours à sa bizarre nature, ne visant d'autre but personnel que d'attirer à soi la curiosité du public. La réprobation qui accueillit son œuvre la

rendit rêveuse... Dès lors, elle compta avec
l'opinion. Elle fit des préfaces qui sem-
blaient militer en faveur d'une absolution.
Elle comprit que l'apothéose et la glorifica-
tion du vice étaient de ces hardiesses par
trop imprudentes... Plats friants, que le
public dévore, mais qu'il aime assez qu'on
lui déguise.

Sans abandonner son élément de succès,
le scandale, et sa spécialité des dépravations
neuves, elle n'osa plus pousser les choses
dans leurs dernières conséquences. Elle
perdit cette crânerie hautaine qui lui donnait encore grand air, parce qu'elle ressem-
blait au mépris du danger. Elle fit, enfin,
des œuvres avec restriction qui n'ont plus
rien de compréhensible ni de *logique*...

En attendant, peut-être, qu'elle en fasse
d'hypocrites.

HISTOIRE D'UN CAISSIER TROP CURIEUX

6

HISTOIRE D'UN CAISSIER TROP CURIEUX

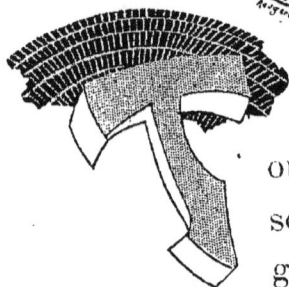

OUT le long du jour, derrière
son grillage, penché sur son
gros livre, il alignait ses chif-
fres et balançait ses *doit* et *avoir*.

Bien qu'il parût paisible, avec l'air désagréable de tout caissier convaincu, nous
sommes fondés à croire que cette existence
vertueuse ne répondait pas à ses secrets
désirs...

Sans doute, comme le héros de Flaubert,

« il trouvait que le bonheur, mérité par
l'excellence de son âme, tardait bien à
venir. »

Ce ne fut pas le bonheur qui vint.

Un jour arriva, jour fatal ! où l'*Homme-
Vénus* tomba sous sa main. Il lut... l'im-
prudent ! et sous ce crâne de caissier, nul
ne saura jamais quel ouragan fut déchaîné.

Les *doit* et *avoir*, certainement, durent en
être bouleversés.

Entre les colonnes gigantesques des ad-
ditions sans fin, venait danser la silhouette
diabolique de Roberte de Venhanda, l'aimable virago qui change les hommes en
femmes...

Et le caissier en oubliait ses retenues.

Il restait des heures, la plume en l'air,
hypnotisé, acharné à la poursuite d'un
mystérieux problème... qui n'était pas celui
des *doit* et *avoir*.

Cela ne pouvait pas durer.

Et un beau jour, ce caissier avisé, ayant

su découvrir la demeure de Mlle Raclife, s'y présenta, sans plus tarder.

— Que désirez-vous, monsieur ?

— Mademoiselle, j'ai lu l'*Homme-Vénus*.

— Et vous avez bien fait, monsieur. Je l'ai écrit précisément pour qu'on le lise.

— Ce livre m'a beaucoup frappé...

— Cela ne m'étonne pas, monsieur ; je l'ai encore écrit à cet effet.

— Mais, je vous avoue l'avoir mal compris...

— C'est absolument ce que je voulais. Vous me comblez, monsieur !

— Je désirerais donc obtenir de vous quelques explications...

— Voilà, monsieur : Un de mes amis m'avait narré..., etc...

Le caissier curieux, mais non subtil, ne vit pas qu'on se moquait de lui.

D'ailleurs, ce n'était pas une explication *seulement* que voulait ce caissier présomptueux ; c'était l'amour de Mlle Raclife. Ou plutôt, il voulait expérimenter la performance amoureuse dont elle venait d'enrichir l'humanité.

Il y a des gens qui ont la rage de s'offrir en victimes aux nouvelles inventions.

Mais celui-ci n'avait vraiment pas le physique de l'emploi. Ni rose, ni blond, ni jeune... Si sa barbe fournie était d'un noir de jais, en revanche, ses cheveux étaient tout blancs.

Ce caissier anormal devait, en effet, présenter dans sa personne une anomalie quelconque.

De son côté, il avait bien pu éprouver quelque surprise : au lieu d'une Roberte de Venhanda, grande fille de race du noble faubourg, (quelle gloire pour le noble faubourg !) il avait trouvé une petite bohême, aux allures de cabotine, vivant médiocrement dans deux chambrettes au-dessus des quais.

N'importe ! rien ne devait arrêter ce caissier résolu à mettre un roman en action.

Mlle Raclife trouva la chose plaisante.
Comme toutes les grandes coquettes, elle
ne dédaignait aucun amoureux et les atte-
lait tous à son char, hiérarchiquement. Elle
y plaça celui-ci, en lui réservant sans doute
les basses besognes.

Mais les amoureux trop épris finissent
par devenir gênants : chevaux indomptés
qui ruent et nuisent à la belle ordonnance
du cortège.

Ce dernier venu rua comme un possédé ;
exaspéré par les coups de fouet et la petite
main de fer qui le maintenaient en bonne
place. Car, vraiment, Mlle Raclife pensait à
bien autre chose qu'à faire de ce rustaud
son destrier favori.

Le caissier impétueux devenait insup–
portable avec sa grande passion.

Il eut été, ce me semble, fort simple de
verrouiller sa porte et, en cas d'infraction,
de glisser deux mots au commissaire de

police. Rien ne calme les amoureux comme
le commissaire de police.

Mlle Raclife ne crut pas devoir le faire.

Un jour, qu'elle avait diné en tête-à-tête
avec son adorateur obsédant, elle se laissa,
ensuite, conduire au théâtre.

Le couple occupait deux fauteuils d'orchestre.

D'abord, tout alla bien. Sur la scène, le
drame se déroulait en ses péripéties pas-
sionnantes. On arrivait au point culminant
d'un duo d'amour. Que se passa-t-il alors
sous la boîte cranienne du caissier exalté?
Quelle poussée intérieure fit soudain écla-
ter ce volcan? On ne sait... Toujours est-il
que cet étonnant spectateur se pencha vers
sa compagne et... lui mordit la nuque...

Ce procédé de matou enflammé produisit
un effet désastreux. Sous la douleur,
Mlle Raclife jeta un cri..., se leva, debout
au milieu des fauteuils d'orchestre, terrible,
indignée... Car la jeune artiste sait distin-

guer avec beaucoup de tact le scandale qui
nuit, ou sert à la réclame.

Bousculant ses voisins ahuris, elle sor-
tit de la salle, arracha son manteau à l'ou-
vreuse et se précipita vers la porte du
théâtre, toujours suivie du malheureux
caissier qui implorait son pardon et bé-
gayait des excuses. Elle ne voulut rien
entendre.

Sur le boulevard, elle arrêta un fiacre, y
monta, jetant son adresse au cocher et son
mépris au caissier atterré.

Celui-ci commença enfin à comprendre
l'inanité de ses espérances et rentra chez
lui le front chargé de nuages. Car ce caissier respectable avait un chez lui, était
marié, père de famille. Pauvre famille !...

Naturellement, il écrivit des lettres re-
pentantes et désespérées ; on ne répondit
pas ; il se présenta, on n'ouvrit pas ; il me-
naça de se tuer, on ne sourcilla pas.

Alors, il perdit la tête... Du moment

7

qu'il ne pouvait jouer les *hommes-Vénus,* ce caissier saugrenu ne voyait plus rien à faire dans l'existence.

Et un soir d'hiver, à la nuit tombante, un homme pâle, défait, s'introduisait chez la concierge de Mlle Raclife. Silencieusement, il déposa entre les mains de ce cerbère bien dressé un bouquet de roses blanches (blanches! quelle intention délicate et... modeste) avec un billet laconique :

« Je vais me tuer. »

Un quart d'heure après, le caissier malheureux, mais vicieux, rendait sa belle âme à la nature, au milieu des eaux jaunâtres de la Seine.

Telle est l'histoire du caissier trop curieux, que Mlle Raclife narre volontiers dans l'intimité, et ses féaux en éprouvent pour elle plus de respect, une admiration mêlée d'une crainte vague et superstitieuse... Une femme pour qui l'on meurt !...

Dans ses bons moments, elle avoue que

ce souvenir l'a un peu gênée pendant quinze jours, car elle s'imaginait, la nuit, que le suicidé allait venir la tirer par les pieds (*sic*).

Sans affecter autrement sa sensibilité, cet incident tragi-comique ne laissa pas que d'avoir sur elle une certaine influence. D'abord, elle acquit une très haute idée de sa puissance irrésistible ; puis, elle s'imagina, de très bonne foi, être le point de mire de toutes les convoitises masculines, et cette persuasion prit le caractère d'une idée fixe. Cas bien connu en pathologie : c'est la manie de la persécution. Mais ici, quelle douce et flatteuse persécution !

Elle a confié, en secret, à un peu trop de confidents, des histoires de violences et de luttes (revoir celle de l'ange et de Jacob) bien extraordinaires...

Comme héros (ne pas écrire *(héraults)* de ces faits dignes des temps primitifs, on cite des noms, des personnalités très en vue... Hum ! hum ! Je croyais que nos

parisiens de salons, gens de plume ayant
passé l'âge des témérités, avaient généralement la prudence de se montrer plus
galants... qu'impétueux.

Je ne m'aventurerais certes pas à mettre
ce sujet-ci en vers, car je ferais infaillible-
ment rimer *vaillance* avec *jactance*. J'ajou-
terai que la passion *la plus vive* que nous
semble devoir exciter cette petite femme
maigriotte, point très jolie, est bien certainement la *curiosité,* voire même au détri-
ment des autres (passions).

Ce qu'il y a de vrai dans tout ceci, je ne
me chargerai pas de te le dire, lecteur, et
j'imagine que tu n'en sauras jamais rien.
Rappelle-toi seulement que par sa nature
méridionale, Mlle Raclife tient du gascon
qui arrive aisément à croire qu'un mensonge répété deux fois est une vérité.

C'est peu de temps après l'aventure rela-
tée dans ce chapitre que, se présentant aux
bureaux d'un journal pour y toucher le

montant de ses articles, Mlle Raclife fut frappée de l'air glacial du caissier qui lui comptait son argent :

— Vous n'êtes pas aimable aujourd'hui, Ledru.

— Non, mademoiselle, je ne tiens pas à l'être...

— Ah çà, qu'est-ce qui vous prend? Vous êtes fou...

— Je ne suis pas fou ; je suis indigné, parce que vous avez causé la mort d'un homme, d'un père de famille... C'est affreux ce que vous avez fait là, mademoiselle !...

Alors, toute la rédaction des bureaux voisins se levant, comme un seul homme, répéta :

— Oui, c'est affreux ce que vous avez fait!...

Sous cet anathème unanime, Mlle Raclife, qui n'est pas brave, fila lestement.

LE DERNIER DES CHEVALIERS

LE DERNIER DES CHEVALIERS

'AME de la chevalerie française qui, depuis des siècles flottait subtile, errante et *inoccupée* autour des tombeaux antiques où les preux dorment, l'épée au côté, les mains jointes, la tête sur un coussin et les pieds sur un griffon... cette âme en peine avait enfin trouvé un asile où réintégrer.

C'était l'enveloppe charnelle d'un jeune homme à tournure de bookmaker qui avait fourni ce refuge inespéré.

La presse venait de s'émouvoir du danger que les œuvres insanes et déjà nombreuses de Mˡˡᵉ Raclife pouvait causer au public.

Cinquante fois, on jettera une allumette sur le plancher sans inconvénient; à la cinquante-et-unième fois, le plancher se mettra à brûler. On ne sait jamais, par quel caprice de dieu arbitraire, la presse vous prend un jour à parti.

Mˡˡᵉ Raclife fut attaquée avec une indignation violente et, je crois, sincère. On eut le tort cependant d'en arriver à des insinuations blessantes pour la femme, à des épithètes offensantes.

Ayant admis, avec un peu de candeur peut-être, l'hypothèse savamment répandue d'une virginité que tout semble démentir, on chercha le secret de cette virginité problématique et... monstrueuse...

Or, les mœurs de Mˡˡᵉ Raclife ne nous regardent pas. Sa personne lui appartient,

elle est libre d'en faire ce qu'il lui plait ;
chacun ayant le don de soi.

Ce qui ne lui appartient pas, c'est la moralité, la décence publiques, choses qu'on
peut trouver conventionnelles, mais qu'on
est tenu de respecter, parce que ce sont les
freins utiles à une société qui vit et se com-
porte comme la nôtre. Quand ses condi-
tions d'existence changeront, sa morale
changera. En attendant, elle est à maintenir.

Il en est des sociétés comme des enfants :
suivant l'âge ou l'état d'âme, une parole brû-
lante peut tomber sur eux, sans y rien
laisser de mauvais ou en allumant quelque
passion funeste.

Cette distinction de droit que j'indique ici,
à propos des critiques que subit Mlle Raclife,
on ne la fait pas assez. Nous n'avons pas
suffisamment en France le respect de la
liberté individuelle ; en revanche, nous
laissons bénévolement attaquer les prin-

cipes généraux qui font notre sauvegarde.

Si bien renseignés que nous soyons, nous ne dirons rien des mœurs de Mlle Raclife, qu'elle a le bon goût d'ailleurs, de dérober à toute curiosité.

Ceci suffira pour fixer les limites de notre discrétion.

En somme, est-il bien intéressant de savoir à quelle dose d'expérience s'allie cette imagination de voyante, cette devination, cette prescience des choses obscènes et sadiques? Peut-être?... Mais c'est une étude à faire en particulier et non en public.

Donc, Mlle Raclife fut très malmenée par la presse; bien que plusieurs critiques crurent devoir, en sous-main, lui faire présenter quelque chose comme des excuses (dit-elle), et demandèrent à pactiser avec cette jeune femme.

L'homme du monde désavouant l'homme professionnel... Bien moderne ce trait!

Un soir, dans un bal qui réunissait un
monde étrange, pas le meilleur, à coup
sûr, Mlle Raclife, étendue sur un canapé, ne
dansait pas.

Un jeune homme s'approcha d'elle :

— Vous ne dansez pas, mademoiselle ?

— Non, monsieur.

— Vous êtes souffrante ?

— Non ; je suis triste.

— Y aurait-il indiscrétion à vous demander pourquoi ?

— Parce que ce matin même on m'a
encore attaquée dans un journal.

— Sérieusement attaquée ?

— Très sérieusement.

— Et vous n'avez trouvé personne pour
vous défendre ?

— Personne...

— Pas un ami ?

— Oh, les amis ! leur rôle est de vous
demander des services, non de vous en
rendre...

Ce en quoi Mlle Raclife se montrait fort ingrate ; car ses amis lui étaient dévoués... jusqu'aux coups d'épée... *exclusivement.*

Mais le bon jeune homme qui, sous une enveloppe fâcheuse de bookmaker, cachait sans doute une âme exquise, fut touché par l'amertume de ce cri :

— Eh bien, mademoiselle, si vous voulez, moi, je vous défendrai !...

Mlle Raclife, jusqu'alors, avait regardé ce modeste individu comme on regarde un insecte infime ; cette fois, elle le toisa, et fut étonnée de lui trouver la taille d'un homme. Elle se dressa, debout, et son instinct de cabotine se réveillant, elle lui tendit la main d'un geste théâtral, en disant très haut :

— C'est cela ! Défendez-moi !...

Le galant chevalier s'inclina sur cette main qu'on lui tendait, en prononçant à mi-voix, avec conviction :

— Je vous défendrai !...

Elle ne savait pas son nom ; au cours de la soirée, elle le lui demanda, je suppose.

De ce moment, elle dansa ; le jeune homme dansa et, autour d'eux, on potina. Ils s'admiraient tous, d'ailleurs, de danser ainsi sur un volcan, à la veille d'une affaire qui devait révolutionner tout Paris. C'était régence, en vérité... Nonobstant le milieu, qui l'était fort peu.

Le lendemain matin, première heure, le jeune homme entrait délibérément aux bureaux du *Porte-Voix parisien*.

— Que voulez-vous, monsieur ?

— Parler à M. X...

— Il est occupé ; on ne peut pas le voir.

— Et moi, je vous dis que je le verrai... Où est-il ?

— Un instant, monsieur... Si c'est urgent, je vais le prévenir.

Deux minutes plus tard, M. X... se présentait :

— Vous avez une communication pressante à me faire, monsieur ?

— Oui, monsieur : Vous êtes un lâche...

— Pardon, monsieur, pardon ; mais il y
a malentendu, j'aime à le croire... Veuillez
vous expliquer.

— Monsieur ! vous avez outragé une
femme !...

— Quelle femme ?

— Mademoiselle Raclife.

— Mademoiselle Raclife ?... Vous exa-
gérez, monsieur...

— Que j'exagère ou non, je viens vous
demander raison.

— Vous êtes son... mari ?

— Non.

— Son frère ?

— Non.

— Son fiancé ?

— Je n'ai pas ce bonheur.

— Et à quel titre alors, me demandez-
vous raison ?

— A quel titre, à quel titre... à titre
d'homme indigné...

— Monsieur, j'en suis aux regrets, mais
j'ai usé envers votre protégée de mon droit
de critique ; si tous les hommes qui ne par-
tagent pas mon avis venaient me demander
raison, où en serais-je ?

— Alors, vous ne voulez pas vous
battre ?

— Assurément non, monsieur ; à moins
que vous n'établissiez votre droit *spécial* à
défendre Mlle Raclife.

Le survivant de la chevalerie française
ne s'attendait pas à tant de logique. Il en
resta tout ébahi. Ce diable de journaliste,
avec sa fermeté courtoise, le déconcertait,
positivement.

Il dut opérer sa retraite, se disant qu'en
somme, dans ces choses-là, l'intention est
tout.

Il avait *voulu* se battre : ceci prouvait
surabondamment sa bravoure.

Était-ce sa faute, si on reculait devant lui? Il ne comprit d'ailleurs, jamais pourquoi on avait refusé son défi...

Et le paladin qui semait l'effroi dans les bureaux de rédaction retourna tranquillement filer le parfait amour aux pieds de Mlle Raclife. On prétend qu'il lui offrit sa main, ou qu'il lui demanda la sienne, ce qui revient au même; ignorant sans doute certaine particularité dont, pour le moment, nous ferons abstraction.

Mais la séduisante personne qui trouve des princes pour mettre ses cheveux en châsse trouvera peut-être un souverain pour mettre une couronne sur ses cheveux... courts.

Car il ne faut plus compter sur les Anglais pour écouler nos stocks de femmes compromises ou extravagantes. Les Anglais ne sont pas plus bêtes que vous ou moi... Il n'y a plus que les princes...

Les amis de Mlle Raclife, un peu gênés de

la leçon indirecte que leur avait donnée ce
nouveau venu parmi eux, prétendirent qu'il
avait obéi au seul désir de se faire une réclame en accolant son nom à un nom en
vedette. Nous ne le pensons pas. Le jeune
homme dut céder à un mouvement irréfléchi
de générosité, bien *pardonnable* à cet âge.
Et il est, de plus, certain qu'à partir de
l'instant où il fut sacré chevalier par cette
phrase : « Défendez-moi! », il aima Mlle Raclife.

Ce haut fait sera le seul peut-être se dé-
tachant avec quelque lustre d'une existence déshéritée, vouée aux luttes quoti-
diennes qui lassent, aux compromis qui
amoindrissent, aux malchances qui décou-
ragent... Ne lui marchandons pas le béné-
fice de sa... bonne intention.

Et comme de nos jours, la position de
chevalier défenseur du faible et des vierges
contestées est une position déclassée, le
jeune homme dut en choisir une autre. En

audacieux que rien ne déconcerte, il fonda
un journal, où brille, naturellement, la prose
de Mlle Raclife, dans un éclat qu'aucune ri-
valité n'entrave.

Il était dit que ce jeune homme lui tien-
drait lieu de providence.

Ces deux jeunes gens, communiant ainsi,
spirituellement, dans le labeur quotidien
d'une feuille à un sou me représentent, je
ne sais pourquoi, le chaste couple de Paul
et Virginie, sous la feuille légendaire de
bananier.

Car il est bien entendu que la police bat-
tait breloque quand elle s'avisa de recher-
cher si ce bon jeune homme n'était pas un
complice de Pranzini.

DIANE ET SA MEUTE

DIANE ET SA MEUTE

C E soir-là, en introduisant
ses mains dans des gants
immaculés, l'air calme,
grave, avec au fond de lui ce petit frisson
qui vous angoisse à la minute précise où
l'on va aborder le public, il ne se doutait pas,
l'infortuné conférencier, que ses arguments
oratoires seraient elliptiquement réfutés par
des voies de fait.

Cette chaire qu'il gravissait d'un pas ferme, avec l'assurance que donne une conscience pure et un sujet bien préparé, cette chaire allait devenir un pilori.

J'ai vu quelques petits *tollé,* toujours assez discrets, à la salle des Capucines ; le public étant composé ordinairement de gens du monde mesurés dans leurs expressions.

D'ailleurs, ce droit de troubler une représentation quelconque par des manifestations violentes me semble encore discutable. Vous avez beau payer, vous savez, en somme, pourquoi vous donnez votre argent ; vous savez ce qu'on va vous servir ; il n'y a pas erreur sur la marchandise.

Quand vous vous révoltez contre un spectacle que vous allez voir, ou une audition dont vous fûtes avertis, vous me faites l'effet de gens huluberlus qui, voulant des couvre-chefs, entreraient chez un bottier et feraient une scène audit bottier parce qu'il n'a que des bottes à leur offrir.

Le conférencier avait donc annoncé, comme c'est d'usage, le sujet de sa conférence : *les bas-bleus*.

Mlle Raclife, prévenue qu'on parlerait d'elle, peut-être, bien qu'elle me paraisse ne se rattacher que par *extension* à la catégorie des femmes lettrées, était venue, avec une bande d'amis, prêts à faire du tapage, si l'orateur émettait des opinions qui fussent les siennes et non les leurs.

Habitudes de la rive gauche transportées ainsi en plein boulevard...

L'orateur renouvela-t-il les plaisanteries dont, en France, on a coutume d'accabler ces pauvres bas-bleus qui les supportent, d'ailleurs, avec une résignation angélique ? Trouva-t-il des traits nouveaux, empoisonnés comme des flèches japonaises ? Ou bien les bas-bleus sont-ils devenus rageurs ?...

Quel fut son crime à ce conférencier malavisé ?

10

Il fit, je crois, une allusion intempestive à la beauté célèbre d'une actrice, qui partage ce malheur des trop jolies femmes, d'être tant louées pour ce mérite, que les autres restent dans l'ombre. En tous cas, cette actrice est très fine, ceux qui l'approchent disent spirituelle, c'est l'opinion d'un duc, et, présente à la conférence, il est probable qu'elle aurait eu le tact de ne pas relever la pointe qui la visait.

Mais, plus royaliste que le roi, Mlle Raclife se sentit touchée... D'ailleurs, elle était venue pour manifester avec ses manifestants et on ne parlait pas d'elle. Ça ne pouvait se passer ainsi.

Et puis, c'est une tendance dont elle ne se rend pas compte, mais toute réunion de public éveille en elle un désir d'exhibition, le besoin d'attirer les yeux de la foule sur sa personne. Je l'ai vue, chez Bidel, faire positivement concurrence aux fauves.

Donc, à la stupéfaction générale, elle se

leva et vint droit à l'orateur, qui sentit sa joue balayée d'une caresse, n'ayant rien en soi de bien désagréable, mais qui, cependant, n'était pas faite pour lui plaire.

Il eut un haut-le-corps, et, une seconde, demeura stupide... Puis, voyant en face de lui cette petite femme en colère, il se rendit compte de la situation. Les lois indiscutables de la galanterie lui interdisaient tout retour offensif. C'est bien là-dessus qu'on tablait. Il se contenta donc de hausser les épaules, rassembla ses papiers et voulut prendre congé de son auditoire lequel n'avait rien compris à l'incident.

Alors, les camarades vinrent à la rescousse et entourèrent le pauvre conférencier, criant, hurlant, gesticulant... On aurait cru des carbonaris menaçant un traître. Tous endossaient le soufflet; tous demandaient à se battre.

Le conférencier, lui, demanda à réfléchir. Et il réfléchit qu'on avait mieux à faire

qu'à risquer sa vie pour le caprice inexpli-
cable d'une jeune excentrique.

Tel fut l'incident dont l'entourage de
Mlle Raclife essaya de tirer parti pour la
représenter comme une amie dévouée, une
chevalière d'Eon, prête, toujours, à défendre la vertu attaquée des femmes qu'elle
honore de son amitié. Malheureusement,
elle avait un peu partout exprimé la même
opinion que le conférencier sur la même
individualité. Car Mlle Raclife est inconsé-
quente et incontinente dans ses paroles
comme dans ses écrits.

La légende ne prit pas corps, tant elle se
trouvait à contre-sens de la vérité. La jeune
artiste n'est pas pour les femmes une amie
dévouée, mais une amie dangereuse. Ses
engouements, ses enthousiasmes, ses ca-
prices, ses affections fantaisistes sont bien
plus à craindre que ses antipathies, ses
malveillances et ses dédains.

Il me semble cependant qu'elle ne souf-

flèterait pas une femme ; par la très simple
raison que rien n'empêcherait une femme
de la payer du même procédé.

A moins que les bons amis n'intervins-
sent, en se ruant sur la malheureuse pour
la paralyser. N'a-t-on pas vu d'aimables
gandins jouer dernièrement ce rôle entre
deux... combattantes? Cette hypothèse est
d'autant plus digne de créance que si la
chose ne s'est point encore passée, que je
sache, en réalité, elle se passe souvent, je
l'affirme, dans l'ordre moral.

Quand cette Diane irascible prend en
aversion une de ses compagnes, elle la désigne à sa meute, et celle-ci, avec un en-
semble parfait, hurle aux talons de la victime. Les échos en retentissent..., les
réputations se démolissent..., les calomnies
grandissent... C'est sa curée.

O compagnes ! soyez prudentes... Lais-
sez cette vierge froide aux instincts cruels,
poursuivre seule sa course aventureuse...

Laissez-la se défendre des Actéons mul-
tiples, dont la curiosité n'est pas pour lui
déplaire... Laissez-la, dans l'abandon de
tous liens doux et tendres, solitaire avec
sa chimère stérile, errer, infatigable et dé-
sabusée, au milieu de ses chiens... cou-
chants.

C'est, du reste, avec une inconscience
merveilleuse que les amis de Mlle Raclife
se prêtent à ce rôle. Il ne leur reste plus que
l'instinct d'une certaine prudence dans les
occasions périlleuses; car, en tout ceci, on
parle beaucoup de duels, mais on en voit
fort peu. Et cela se comprend :

L'homme qui est décidé à défendre une
femme, au prix de son existence, exige
avant tout qu'elle ne le compromette pas en
de vaines équipées.

Les défenseurs attitrés de la jeune femme
qui soufflète à tort et à travers, sont, je
crois, plus habiles aux coups de gueule
qu'aux coups d'épée. Rien n'est curieux à

observer comme leur différence d'attitudes,
suivant les adversaires et leurs petits
déduits, suivant l'importance du gibier. Il
est de grosses pièces qui leur inspirent un
vrai respect ; d'autres qu'ils chassent sous
bois, sans faire trop de bruit ; d'autres
qu'ils effraient par leur lancer impétueux...
Mais ils ne donnent tous leurs moyens
qu'en face d'une bonne victime condamnée
d'avance, autrement dit, d'une femme seule
qui n'a personne pour la défendre.

Si je ne craignais de traîner ce chapitre
en longueur, je vous dessinerais les profils
de ces bons toutous, féroces par dévouement, possédant l'intelligence courte et
bête, prompte aux bévues, qui caractérise
la race canine, très surfaite. Toutes les va-
riétés s'y trouvent, tous les tempéraments.

Sarah Bernardh avait sa ménagerie ;
Raclife a sa meute.

Il y a quelques jours, un jeune peintre

qui ne se doutait guère que nous notions
ces paroles s'exprimait ainsi :

« Non, je ne connais pas Mlle Raclife, mais
j'ai beaucoup connu un de ses amis et, par
la même occasion, un peu toute la bande.

« Quel monde ! mes amis, quel monde !

« Figurez-vous qu'un soir, je rencontre
un ancien camarade d'école, lequel avait
changé de voie et versé dans la littérature...
qu'on ne sait plus comment désigner, at-
tendu qu'elle change d'appellation tous les
huit jours. Maintenant surtout, qu'on aborde
les vocables en *iste*, nous en avons pour
longtemps avant de nous y reconnaître. Je
crois qu'on pourrait sans inconvénient lui
conserver la dénomination générique de
démente. Mettons cependant qu'elle s'appelle : littérature déliquescente.

« Mon bonhomme déliquescent se nommait, lui, Philoctète Lardillon. Un nom à
coucher dehors et c'est bien ce qu'il allait
faire, le malheureux, quand un hasard me

mit sur son chemin. Inutile de vous dire à
la suite de quelles circonstances il avait
perdu le droit de réintégrer son domicile. Il
ne savait positivement que devenir.

« C'est tout de même terrible, je vous
assure, de se trouver dehors quand la nuit
s'avance et de se dire :

« Je ne sais pas où rentrer. »

« J'en fus tout remué.

« Viens chez moi, lui dis-je. J'ai aux
Ternes un grand atelier avec coins et re-
coins. Tu verras ensuite à te débrouiller.

« Et nous fûmes chez moi.

« Mais je m'aperçus bientôt que ce n'était
pas à Philoctète seulement, que je donnais
l'hospitalité, c'était à toute une confrérie en
iste, fraction des déliquescents. Ils venaient
par bande à l'atelier retrouver leur frère et
ami. En général, ces jeunes gens avaient
de dix-huit à vingt-deux ans ; en général,
aussi, ils avaient des collets graisseux et
des bottes éculées.

11

« Chose singulière ! ils arrivaient toujours de chez Mlle Raclife. On ne parlait
chez moi que de Raclife, que je ne connais-
sais pas et qui m'intéressait peu. Jamais
sur elle, d'ailleurs, un jugement sérieux,
jamais une appréciation de sa personnalité
ou de son talent. On semblait la considérer
comme un bibelot drôle, sans signification
connue. C'étaient toujours les mêmes lieux
communs, les mêmes paradoxes sur sa
dépravation cérébrale et platonique, sur sa
virginité invraisemblable. J'en avais les
oreilles rabattues et je me demandais ce que
cette jeune femme pouvait faire d'un pareil
entourage, quel intérêt pouvait lui four-
nir ces jeunes nullités bouffies de prétentions...

« Une bohême bien particulière à notre
époque, allez ! Des fils de tailleurs, de bro-
canteurs, de petits commerçants, ayant
voulu rompre avec la boutique et l'arrière-
boutique, se croyant des hommes de lettres

et des artistes... déliquescents, parce qu'ils
accolaient des mots faits pour s'exclure et
employaient des noms ou adjectifs détour-
nés de leur destination.

« Ce que j'en ai entendu de ces insanités
littéraires ! Mon domicile était devenu une
succursale de la Salpétrière. Ils m'ont
laissé des manuscrits, des poésies... virgiliennes ; point par la forme... vous m'en-
tendez...

« Philoctète recevait ses amis à dîner ;
quand je n'étais pas là, on mettait tout chez
moi au pillage. Et puis, il allait chez mes
fournisseurs, faisait des dettes ; j'étais ac-
cablé de réclamations. Enfin, n'y tenant
plus, je mis à la porte Philoctète et sa
bande. J'en avais assez de leurs poésies
virgiliennes...

« Mais voici l'épilogue :

« Quelques temps après cette exécution,
je vis arriver chez moi un individu aux
allures singulières.

« — Monsieur, me dit-il, vous connaissez un nommé Philoctète Lardillon?

« La colère me prit :

« — Monsieur, laissez-moi tranquille...
Vous m'ennuyez à la fin. Je ne suis pas
responsable de ce que fait M. Philoctète
Lardillon. Adressez-lui vos réclamations
et allez au diable !...

« — Chut! monsieur. Je suis de la police et je viens vous demander des renseignements.

« C'était complet! »

Ce petit récit nous a paru curieux à repro-
duire, parce qu'il donne une idée exacte de
la bohême des lettres de nos jours et parce
qu'il montre bien que ces non-valeurs
d'une moralité douteuse, dont s'entoure
Mᶫᶫᵉ Raclife, lui crée, pour ainsi dire, une
atmosphère intellectuelle délétère. Ne ré-
pudiant par principe, ou plutôt par absence
de principes, aucun moyen de parvenir, ce

qu'ils admirent le plus en elle, peut-être,
c'est que, sans beaucoup de talent et sans
aucun scrupule, elle ait su se faire la plus
triste des célébrités.

Voici un exemple du culte dévot et légè-
rement ridicule dont quelques-uns l'entourent :

Un ami à nous qui se mêle rarement de
racontars parisiens, tout occupé qu'il est
de hautes questions sociales, nous égayait
toutefois, dernièrement, avec cette anec-
dote :

Un visiteur avait oublié chez lui un ouvrage de Mlle Raclife : *la Chasteté de Diane,*
qu'il se garda bien de lire. Survient un
autre visiteur qui, moins dédaigneux, in-
trigué d'ailleurs par le titre du volume, le
prend, sous promesse de le rendre, et... le
perd.

Quelques temps après, notre homme voit
arriver chez lui un personnage étique, à
l'air maussade, porteur de longs cheveux,

d'un habit sale et d'un nom inconnu. Le
poète, rive gauche...

— Monsieur, commença-t-il, j'apprends
qu'un ami commun vous a prêté un livre
m'appartenant, lequel s'est égaré chez vous,
paraît-il. Ceci, avouez-le, est fort désagréable. Je ne puis, monsieur, accepter
que ce volume soit perdu ; il faut le retrouver.

— On n'en vend donc plus, monsieur ?

— Pardonnez-moi, mais je tenais absolument à celui-là qui porte une dédicace
écrite et signée de la main même de l'auteur. Vous comprenez ?...

Alors, notre ami froidement, du haut de
sa grande taille :

— Vous vous rappelez cette dédicace ?

— Certainement.

— Vous vous la rappelez bien ?

— Mais oui, monsieur.

— Alors, faites un nœud à votre mouchoir pour ne pas l'oublier.

Ah, les flatteurs ! que de mal ils peuvent faire aux êtres qu'ils corrompent par leurs ineptes servilités ! Ils oblitèrent en eux le sens moral ; déplacent la notion du juste ; leur inculquent le mépris de l'humanité ; leur donnent, enfin, avec la conscience exagérée de leur valeur, cette dangereuse fatuité, qui atténue les visées hautes, les ambitions légitimes et la nécessité de l'effort.

Ils faussent cette machine infiniment délicate, dans le rapport de ses facultés : l'âme d'un artiste.

Et les femmes, plus vite que les hommes, perdent l'accord, sous cette funeste influence. Comme les demi-intelligences, les demi-cultures, les demi-talents, très vaines de ce qu'elles ont acquis, n'ayant ni la vision ni le tourment de ce qui leur reste à acquérir, elles sont perdues...

Mais qu'importe à ces parasites de la

gloire qui, au fond, ne poursuivent qu'un
but de personnel intérêt?

On naît flatteur, on naît chambellan, on
naît laquais.

MADAME DE SADE

12

MADAME DE SADE

AINSI s'intitule l'un des récents ouvrages de Mlle Raclife.

C'est un titre à la fois peu propre et impropre. Peu propre, parce qu'il éveille tout un ordre d'idées n'ayant comme amplitude que l'horreur et le dégoût; impropre, parce que l'héroïne, à qui ce titre fait allusion, ne rappelle en rien le fameux marquis effrayant dans ses complexités psychologiques qu'on n'a jamais pu définir.

Mme de Sade n'est pas compliquée du tout, mais incompréhensible, ce qui est autre chose.

Elle aime le sang... Pourquoi? Mystère... Acceptez cette prémisse ; sinon, fermez le volume et occupez-vous d'autre chose. C'est à prendre ou à laisser : cette jeune femme aime le sang ; on vous le dit.

Mais encore? Est-ce l'instinct d'une nature appauvrie qui se délecte au *vu* de cette chair coulante ?... Est-ce un désir de destruction, une haine de caste, un besoin de vengeance ?

Je vous répète que je ne puis vous le dire, puisque rien ne me le fait savoir.

Je ne suppose pas que le fait d'aller chercher du sang dans une boîte au lait, pour une malade, suffise à mettre un idéal criminel dans l'âme d'une petite fille... Diable! voilà un enchaînement de causes à effet

difficile à saisir pour de pauvres cerveaux
simplement raisonnables, comme les nôtres.
Résignons-nous à y voir une belle incohé-
rence.

Le souci des déductions n'a jamais pré-
occupé beaucoup Mlle Raclife; dans l'ouvrage qui s'intitule *Madame de Sade*, cette
absence d'inquiétude devient un franc mépris.

Ce qui frappe, tout d'abord, dans ce livre,
c'est l'intention bien évidente de nous en-
tretenir de choses sanglantes. Aussi, ex-
hale-t-il ces relents fades et nauséabonds
qui donnent des haut-le-cœur, quand on
passe, l'été, près des boucheries aux stores
fermés. Tout y est poussé au rouge ; depuis
la tarte aux cerises jusqu'aux pantalons
des militaires. Que de rouge ! bon Dieu !
que de rouge !... Ce livre mettrait un tau-
reau hors de lui.

La forme adoptée est très simple : c'est
un récit aux allures d'improvisation d'où

semble exclu tout travail de choix et de
sélection. Il coule, verbeux et monotone,
avec une abondance de détails tantôt vul-
gaires, tantôt puériles, le plus souvent
inutiles, et généralement saugrenus.

Cette faconde désorientée, qui fait surgir,
comme en un kaléïdoscope, des choses dont
nous ne saisissons pas le rapport, cahote,
déconcerte, malmène notre pauvre enten-
dement. A chaque minute, on sursaute
avec des « hein !... qu'est-ce que c'est?... »

De pareils livres finiraient sûrement par
nous donner quelque maladie de nerfs.

Les trois quarts du volume sont employés
à la relation minutieuse des faits et gestes
d'une petite fille qu'on pourrait justement
définir : une mauvaise petite teigne. Dieu
de Dieu ! quel enfant !... Elle étouffe son
petit frère « pour ne plus l'entendre crier. »
Elle n'aime au monde que sa chatte « parce
que sa chatte la griffe... » Elle a le pouce
des assassins...

Mlle Raclife avoue très volontiers que
c'est son enfance qu'elle a racontée dans
cette première partie du livre. La chose
n'a rien d'impossible. Il est certaines sen-
sations subtiles de cerveau enfantin qu'elle
a notées assez heureusement et qui res-
semblent à des souvenirs.

Pour nous, qui n'admettons que l'art
reproduisant le réel, le vrai, toute la valeur
de l'œuvre réside en ces quelques observa-
tions.

C'est une peinture de la vie de garnison,
en province, dans les dernières années de
l'Empire, que l'auteur nous offre, tout
d'abord. Mais cette peinture est une charge.
Nous voulons bien que nos officiers français n'aient pas été, en ces temps-là, de fameux militaires ; nous n'avons jamais ouï
dire qu'ils fussent des cuistres et des idiots.

On les aurait donc fait exprès ?

Des spécialistes ont entrepris, dans une
série d'œuvres légères, de ridiculiser l'es-

prit de corps au régiment ; mais ces œuvres sont franchement comiques ; elles ont la portée des caricatures. Leur exagération les sauve de l'odieux.

Le roman de Mlle Raclife a, je crois bien, la prétention d'être une étude de mœurs ; il semble donc singulier qu'elle nous représente un régiment où chaque officier, indubitablement, est un être grotesque, bête et mal appris. Son colonel Barde n'est qu'un Ramollot en détrempe. Cette raillerie constante rend fastidieuse toute la première partie du livre. Ce persiflage à faux nous énerve.

Enfin, il *va–t–en* guerre, ce régiment agaçant, et on ne le revoit plus.

Une sorte d'action se noue alors, très tard, vers la fin du volume.

La suave enfant qui a *supprimé* son petit frère, est devenue jeune fille. Orpheline, elle se réfugie chez son oncle, un chaste savant qui n'aime que la science, mais...

n'hésite pas à violer sa nièce... avec res-
trictions, paraît-il. Ensuite, elle épouse un
sot. C'était fatal ! Puis, s'éprend d'un jeune
naïf, et savez-vous pourquoi?

— Non.

— Devinez un peu?

— Il n'y a ni *pourquoi,* ni *parce que* dans
ces choses-là.

— Je vous demande bien pardon ; elle
s'éprend de ce jeune homme, uniquement
parce qu'il jouit d'un privilège que vous et
moi, et bien d'autres, regarderions comme
une malpropre infirmité. Elle l'aime enfin,
parce que... il saigne du nez... Etrange sé-
duction !

Jeunes gens ! ceci renverse vos idées ;
mais quand, tout honteux, vous tamponnez
gauchement d'un mouchoir votre appen-
dice nasal, sachez-le bien, vous êtes irré-
sistibles... Surtout, plus de clef dans le dos.

Après tout, elle est assez inoffensive,
cette Mme de Sade, si, pour étancher sa soif

de sang, il lui suffit de contempler des sai-
gnements de nez.

Mais, çà ne lui suffit pas.

Son oncle la gêne, comme autrefois, son
petit frère. Or, survient à point l'explosion
d'une presse hydraulique qui fait mordre
la poussière au pauvre savant.

Accourue au lieu du sinistre, Mme de
Sade juge d'un coup d'œil la situation et
s'oppose à ce qu'on relève le mourant pour
le transporter sur un lit, car :

« En réalité, elle pensait que si un souffle lui demeurait, il *étoufferait,* grâce aux
vapeurs de l'*acide* commençant à se ré-
pandre d'abord au ras du parquet. »

Quel acide, mademoiselle? Vous qui
connaissez l'année exacte (1881) où fut dé-
couverte la cristallisation de l'acide carbo-
nique (par Wroblewski), renseignement
dont je ne saisis pas l'à-propos, veuillez
nous dire *quel acide* se dégage d'une
presse *hydraulique* faisant explosion...

Vous nous avez déjà appris que « les taureaux ne *coient pas* les hommes, parce que leurs yeux *voient plus gros* que nos yeux... »

Voilà comment on s'instruit dans les livres, — alors qu'on y songe le moins.

Mais revenons à Mme de Sade.

Son mari aussi la gêne; elle l'empoisonne. Eh! il ne fait pas bon agacer Mme de Sade. Voilà une jeune *dame* qui vous élimine les gêneurs un peu dextrement.

Que fait donc la police dans le pays étrange où se passe cette histoire? Mon Dieu! elle fait comme chez nous, probablement, et laisse courir les assassins.

Quant à l'amant de cette tueuse d'hommes, il est pris enfin d'une salutaire frayeur, et jure, à temps encore, qu'il n'y reviendra plus.

Et le roman finit faute de personnages.

Seule, la figure resplendissante de Mme de Sade reste debout, et le livre se clôt sur la

péroraison obligée, cent fois entendue, qui
montre les héroïnes et les héros pervers
·descendant tous les échelons du vice, jusqu'à la noire débauche... Petite rouerie
jésuitique, roublardise hypocrite, qui suppose le lecteur assez bête pour ne pas faire
cette réflexion :

Que si vraiment, on juge qu'une chose
est à flétrir, on n'use pas trois cents pages
à la décrire avec amour.

Tel est ce livre... que tu liras, lecteur
aguiché... Car je ne me dissimule pas que
je fais, ici, une énorme réclame à Mlle Raclife. Ce qui m'importe peu. Je n'ai entrepris cette étude ni pour lui faire du tort, ni
pour lui faire plaisir, mais pour faire sur
elle la vérité.

Fiat lux !

Notre opinion sur ce dernier ouvrage peut
se résumer ainsi : C'est à la fois une mauvaise action et une mauvaise œuvre,
n'ayant ni la valeur d'une analyse, ni l'at-

trait des conceptions poétiques, ni l'intérêt
d'un roman d'aventures. C'est un amas de
pages froides, écrites dans un vilain esprit
de dénigrement général, avec une rageuse
ironie de gamin impudent qui saccage par
plaisir et ne respecte rien. Car tout est ba-
foué dans ce livre, sauf le joli caractère de
l'héroïne, sur lequel portent, visiblement,
toutes les tendresses de l'auteur.

Il n'y a pas à dire, c'est son idéal de
femme que nous présente Mlle Raclife, dans
ce monstre macabre, qui ne rêve que
meurtre et sang et, drapé d'un dédain comique, jette l'anathème à *son siècle*.

Je conseille toutefois, à la jeune artiste
de ne pas essayer de ce rôle dans la vie
pratique; parce que, d'abord, les sergents
de ville et les gendarmes font *quelquefois*
leur métier; et puis, le monde n'est pas
exclusivement peuplé d'idiots, comme dans
ses romans. Si, par un procédé littéraire
point trop malin, elle a pu faire dominer

son caractère principal, en l'entourant de
gâteux, de lâches et d'imbéciles, il n'en
sera pas de même, c'est probable, dans la
réalité. La puissance du charme féminin a
des bornes et, en face d'elle, pourrait surgir
un être honnête et indigné, prêt à lui admi-
nistrer un de ces coups de férule qui font
rentrer les griffes des jolies panthères...
pour longtemps.

Mais nous espérons bien que Mlle Raclife ne descendra pas des hauteurs de la
théorie. C'est déjà bien joli qu'elle ait monté,
pièce à pièce, à elle seule, ce mannequin
d'être hybride prétendant vivre sans cœur
et sans conscience, éliminant par le poison
ou l'acide... innommé les gens qui lui dé-
plaisent, et trouvant son plaisir à dessiner
dans la chair vive de ses amants.

A vrai dire, nous n'avions pas idée qu'on
put porter un tel défi au sens commun, ni
faire un livre avec ce néant de qualités littéraires.

Malgré l'horreur que nous inspire l'*Homme-Vénus,* nous sommes forcés d'y reconnaître certains procédés d'art ; une idée suivie qui se développe et aboutit à ses conséquences monstrueuses. Dans Mme de Sade, rien de pareil. Le style même est méconnaissable. De nerveux et incisif, il est devenu lourd, obscur, trivial, avec des brutalités de caserne.

Mais de ce fatras de prose imprécise, se dégage, avec persistance, un étrange sentiment : la haine du mâle... On la voit poindre dès le début, dans cette horreur de la fillette pour les bouchers aux bras velus ; elle couve sous chaque mot, s'affirme à chaque page et s'épanouit enfin en cette phrase finale :

« Et elle (Mme de Sade) songeait à la joie prochaine du meurtre d'un de ces mâles déchus qu'elle accomplirait le cœur tranquille, haut le poignard. »

Si l'œuvre a une logique, la voilà :

l'homme, toujours, est l'ennemi. C'est évidemment pour justifier ce principe, que tous les personnages masculins y sont odieux, méprisables et ridicules.

Pauvres mâles ! Qu'ont-ils fait à Mlle Radlife ? Il me semble pourtant qu'elle n'a pas à s'en plaindre, et tant d'injustice doit rendre ses amis soucieux...

Déjà, dans l'*Homme-Vénus*, nous avions constaté cette joie mauvaise à dégrader l'homme, à le ravaler au niveau de la dernière des prostituées et... à l'aimer ainsi. Ce qui nous semble assez catégoriquement ramener la femme à la valeur de ce « mâle déchu. »

Mais, mademoiselle, de ce qu'on est homme, pourquoi ferait-on, nécessairement, la honte de l'humanité ?... Sans doute, il y a beaucoup de coquins dans le monde ; je ne crois pas que le nombre des coquines soit beaucoup moindre. Je crois même le contraire, étant donné le peu de

soins qu'on apporte à l'éducation morale
des femmes et, franchement, pour les héroïnes que vous nous présentez, le plus
déchu des mâles est encore trop bon.

Je vous assure qu'il est des hommes,
nous offrant de magnifiques exemples de
ce qu'a pu faire le lent travail des civilisa-
tions depuis les premiers âges du monde ;
des hommes qui nous résument en une
haute expression, les conquêtes du bien,
les victoires gagnées, pied à pied, par le
sentiment d'un idéal supérieur sur les brutalités de l'instinct.

Et ces êtres sont nobles, beaux, admirables dans leur force consciente, leur
honnêteté tranquille, leur foi indestruc-
tible aux vérités morales qui luisent à
leurs yeux, comme des phares lointains,
trouant l'immensité sombre, faisant leur
marche plus sûre et leurs âmes plus se-
reines. Ceux-là, vraiment, sont les rois
de la Création, méritent le nom d'hommes ;

14

les autres ne sont que des animaux hu-
mains.

Il est curieux d'observer que certains cas
morbides se rencontrent avec la folie mys-
tique, pour produire ces étranges haines
d'un sexe à l'autre. Bêtise pure d'êtres qui
ne raisonnent pas ! Si on pouvait dégager
la valeur intrinsèque des hommes, puis.
celle des femmes, et les mettre chacune
dans le plateau d'une balance, très probablement, les plateaux s'équilibreraient.
Rien, ou presque rien, n'est inhérent au
sexe ; les défauts ou les qualités, qui semblent s'attacher à l'un ou à l'autre, sont
tous factices, créés par l'éducation.

Un homme et une femme, élevés exacte-
ment de même, seraient des êtres presque
identiques.

Chez les peuples primitifs, la femme ne
diffère pas essentiellement de l'homme, au
moral. Voyez même chez nos paysans.
C'est à mesure qu'une civilisation se raf-

fine, qu'elle s'ingénie à augmenter la différence des sexes; ce qui, en effet, est un
attrait et un charme. Mais, en voulant le
fin du fin, les sociétés décadentes, qui pous-
sent tout à outrance, ont amené une telle
disparité entre l'homme et la femme, ont si
bien rendu leurs intérêts divergents, qu'on
se demande si elles n'en feront pas des en-
nemis...

Et peut-être les verra-t-on, un jour, se
jeter à la tête des romans, dont les uns
feront de tous les hommes des mâles déchus, et les autres, de toutes les femmes,
des filles...

M'est avis que nous assistons au début
de cette charmante et courtoise bataille.

TOUS MENGINS

TOOSMENGINS

O N ne doit écrire que de ce qu'on aime, a dit Renan. Quand on a le malheur de n'aimer point ce qui est bon et salutaire, on devrait se taire, simplement.

Les ouvrages de Mlle Raclife nous font l'effet de contes de fées, à l'usage des grands enfants corrompus et des assassins latents.

Ils portent, en outre, un singulier cachet, comme une marque d'inconscience qui relèverait de l'hypnotisme et de la suggestion. Certainement, ils n'ont pas été écrits dans un état normal et, cependant, nous y trouvons l'intention raisonnée d'affecter le public d'une certaine manière.

Il y a là un rapport de facultés mentales, les unes lucides, les autres maladives, qui défie toute analyse. Nous savons, d'ailleurs, que Mlle Raclife est un remarquable sujet hypnotique. Sa responsabilité serait peut-être discutable. Mais le danger de ses œuvres n'en existe pas moins pour le public. et nous nous demandons par quelle étrange apathie l'autorité, gardienne des mœurs. laisse circuler ces deux livres : l'*Homme-Vénus* et *Madame de Sade*.

L'apparition de ce dernier volume, surtout, souleva dans la presse sérieuse de véhémentes protestations. Ce n'est pas qu'on lui fit, comme nous, l'honneur d'une critique ; brièvement, d'un trait, on sut le flétrir ; mais on s'éleva en termes indignés contre cette littérature nauséabonde, et l'auteur reçut quelques coups de griffes, dont il garde encore un cuisant souvenir.

Dame ! pour être journaliste, on n'en est pas moins homme... et il est peu agréable, étant donné l'amour-propre bien connu de la gent masculine, de voir poser en principe que tous les hommes sont des mâles déchus, qu'il serait délectable de tuer « d'un cœur tranquille, haut le poignard. »

Mlle Raclife qui est, au même degré qu'une comédienne célèbre, possédée d'une manie furieuse de réclame, vit bien qu'elle avait fait fausse route. Du scandale, bon, ceci ne peut jamais nuire ; mais s'aliéner les dispensateurs de la réclame... quelle faute ! Après une explosion de mécontentement, ils allaient l'enterrer dans le silence. Plutôt mourir ! ou... se convertir. Par quel moyen ? Un revirement subit n'était pas possible ; se déjuger était pénible... Il fallait trouver cependant... Elle trouva.

15

A quoi servirait le génie féminin, sinon à
jouer supérieurement de la crédulité des
autres, en la faisant tourner à son pro-
fit ?

Pour la femme qui n'appartient pas au
type sentimental, plus rare qu'on ne pense
et passé de mode, est-il au monde une
chose plus sacrée que le soin de ses intérêts ? Les hommes, parfois, obéissent à des
considérations hautes de dignité, d'honneur, d'équité, qui priment leur égoïsme ;
les femmes, jamais. Ces êtres fantaisistes,
déséquilibrés, qui paraissent n'obéir qu'aux
soudainetés du sentiment ou de l'imagination, deviennent subitement des êtres froids
et raisonnables, sacrifiant sans hésiter tout
ce qui semblait leur être cher, quand leur
sécurité personnelle est menacée.

Mlle Raclife, avec la jolie impertinence
des enfants gâtés ne doutant de rien,
avait pensé que le public applaudirait à ses
élucubrations baroques. Le public et la

presse regimbaient ; il fallait les reprendre
en sous-main et faire virer l'opinion.

On nous annonce que l'auteur de
l'*Homme-Vénus* est en train de subir un
avatar et perpètre, en ce moment, un nouveau volume, lequel sera un réquisitoire vio-
lent contre les mœurs... qu'abritèrent jadis
les lauriers-roses qui en ont, du coup,
gardé une mauvaise réputation.

Voilà une excellente déclaration de principes et nous sommes heureux de pouvoir
une fois applaudir. Bravo ! mademoiselle !...
Ceci s'appelle revenir aux choses saines,
au respect de sa plume et du public. Pour
la morale, c'est toujours çà de gagné. Mais
ce que notre rôle de critique nous oblige
d'y voir *avant tout*, c'est une douce flatterie,
une sorte de délicate amende honorable, à
l'adresse de ces mâles... non assez déchus
pour ne pas maintenir haut et ferme leurs
prérogatives naturelles...

A la place de Mlle Raclife, j'éprouverais

un certain embarras, ayant créé ce type
nouveau de l'homme-femme résigné au
rôle d'une fille, et celui des viragos qui
changent de sexe, j'éprouverais, dis-je, un
certain embarras à fulminer contre les
femmes-hommes, qui jouent les séduc-
teurs.

Je ne vois pas bien la différence de crime.
Les femmes trop viriles me semblent éga-
lement déplaisantes, soit qu'elles prennent
pour objet de leur passion un homme
qu'elles dégradent ou une femme qu'elles
dépravent.

Mais voilà des subtilités de conscience
qui n'arrêtent pas Mlle Raclife. Comme les
bons acteurs, elle entre dans l'esprit de ses
rôles, dès qu'elle met le pied sur la scène.

Belle Adonis sera sans doute une œuvre
à *intention* vertueuse. Observez, je vous
prie, que l'auteur y trouvera le double
avantage de continuer ses peintures de
mœurs malsaines et de se trouver d'accord

avec le monde, quant à la moralité. La
manœuvre est adroite, mais point neuve ;
le livre a des devanciers.

Je crains bien que Mlle Raclife y perde
quelque chose de son *génie original.*

Et puis... et puis, après... Quel genre de
dépravation nous peindra-t-elle ? Quel
crescendo est possible dans cette voie qui a
donné au début le dernier mot de l'aberration ?.. Et si elle veut réellement s'amender,
comment fera-t-elle pour conserver à ses
œuvres le piment qu'on a coutume d'y
chercher ?

Ah, mademoiselle ! c'est qu'il n'est pas
facile de revenir aux œuvres saines, quand
on a fait sa réputation par le scandale...
Le public insatiable demande qu'on lui
force la dose ; il a un mot féroce quand
l'artiste, las enfin, de cette vilaine besogne,
refuse de lui servir sa pâture répugnante ;
le public dit simplement : « Vidé !... » Et il
passe à d'autres.

Vous· connaissez votre époque, mademoiselle :

« Le plus sûr moyen d'être lu, » disiez-vous un jour, « c'est de faire de la pornographie. »

Eh bien, vous êtes lue... Prétendriez-vous maintenant être estimée ?

Qui sait !... après tout ! Il se passe aujourd'hui dans les lettres ce qui s'est maintes fois passé dans le commerce et la galanterie : Au prix de n'importe quelle infamie, on accroche une occasion de fortune ; puis, on vire doucement, habilement; on se refait une honnêteté, une virginité. Le point de départ s'oublie... Et le monde garde ses dédains pour les pauvres diables qui n'arrivent pas, n'ayant jamais transigé.

Non, la moralité n'est pas un élément de succès ; non, les œuvres saines n'attirent pas la foule. Il faut de grands génies, doublés de grands talents, pour captiver le public, en lui parlant la belle langue pure des choses honnêtes. Il faut des Victor Hugo, des Renan, des Tolstoï... Admirables hommes ! qui ont fait l'œuvre la plus noble qui soit au monde, élevant l'humanité dans un *sursum corda* qui est sa loi de progrès et, d'un geste inspiré d'apôtre, lui montrent, de loin, la clarté divine où demeure éternelle la trilogie du Vrai, du Juste, du Beau.

Mais laissez-nous donc, vous qui n'avez à nous parler que des misères et des hontes que nous gardons encore de nos origines de brutes... Vous qui ne *savez voir* que nos laideurs, nos difformités, nos cancers secrets... Vous qui nous tenez penchés sur la vase, stagnant aux coins obscurs du monde, où la lumière n'a pas encore pénétré...

Vous empiétez sur la police des mœurs, qui fait son métier tant bien que mal, et sur la médecine, qui s'occupe de nos maladies, non pour les propager, mais pour les guérir.

Vous mentez, quand vous dites faire œuvre d'observateur et de moraliste; vous cherchez la réclame et le succès; vous frappez du gong pour réveiller nos tympans d'Européens blasés; vous criez vos boniments pour raccoler la foule; vous exhibez vos personnes comme des acteurs de tréteaux; vous êtes des *Mengins*, vous affublant d'un casque et d'une cuirasse pour vendre des crayons banals, mais... dorés.

Peintres, écrivains, acteurs, musiciens, tous, vous procédez de ce charlatan de génie, qui fut le premier à comprendre son époque. C'est votre chef de file. Encore, si vous vous contentiez, comme lui, de débiter une marchandise inoffensive! Mais vos drogues sont empoisonnées... le plus souvent.

Votre intelligence? vous l'appliquez à *réussir* bien plus qu'à produire. Vous êtes des maîtres en réclame; mais vous êtes de

piètres artistes et surtout, de piètres carac-
tères.

Puis, comme ils se montrent durs aux
jeunes ceux qu'ont menés à la gloire le
casque et la cuirasse ! Quelle ironie amère
dans leurs conseils ! Quel désenchantement
dans leur expérience ! Quel scepticisme
dans leurs préceptes !

Parbleu ! Ils méprisent l'art, le public et
eux-mêmes...

Et ils sont ainsi des milliers dans Paris,
affolés du besoin de faire parler d'eux ;
guettant les journalistes au passage pour
implorer un écho ; se résignant à toutes les
bassesses, à toutes les démarches humi-
liantes, pour se ménager des relations
utiles ; dédaignant bêtement et *à priori*
quiconque n'est pas connu, n'a pas un
nom en vedette.

Triste société ! où la valeur personnelle
ne compte pour rien ; où le savoir-faire est
tout. Monde fermé à l'être honnête et fier

16

qui ne veut ni du rôle de dupe, ni du rôle
de dupeur.

Les femmes ne sont pas les moins âpres
à cette poursuite de la renommée faite très
vite, tout d'un coup, en violentant le public.
Elles y mettent moins de scrupules encore
que les hommes, et y emploient des moyens
divers... Mais personne, jusqu'à présent,
n'avait inventé ceci : *La Vierge-Réclame*.

Car enfin, il est temps de mettre un
terme à cette plaisanterie qui n'a que trop
duré : Mlle Raclife n'est vierge, ni par *nécessité*, comme on l'a prétendu, ni par
principe, comme elle tendrait à le faire
croire, ni au propre, ni au figuré, ni généralement en aucun sens quelconque...
Mlle Raclife est mariée... ou serait en droit
de l'être... Consacré ou non, le fait existe
et nous nous en tiendrons pour ceci à ce
qu'elle affirme. Dès qu'on est admis à
l'honneur de l'approcher, elle vous révèle
spontanément, et sous le sceau du secret,

cette particularité : Elle est mariée. Mon Dieu ! ceci n'est pas plus honteux qu'autre chose... Ce n'est pourtant pas un brevet de virginité. Mais cette auréole de vierge lui semble bonne à garder, vis-à-vis du grand public.

« Raclife mariée, n'est plus Raclife... » disait-elle, un jour.

Le premier chroniqueur, à court de renseignements, qui ergota, à perte de vue, sur ce cas extraordinaire d'une vierge écrivant l'*Homme-Vénus*, lui traça son plan, sans doute. C'était une trouvaille cela ! Un casque et une cuirasse tout préparés ; il n'y avait plus qu'à entrer dedans.

Ce qu'elle fit.

Mais la vérité est que la famille de Mⁱᵉ Raclife fut enchantée de trouver un éditeur responsable, légitime ou non, des embarras que faisait prévoir le caractère de la jeune personne.

Le doux agneau pascal qui est son époux,

ou fait profession de l'être, ne nous semble, d'ailleurs, pas bien exigeant. Son rôle est de fonder des revues et des feuilles éphémères qui n'ont qu'un matin, comme les fleurs fragiles. Rédigées dans une langue qui ressemble de loin au français, elles n'ont guère qu'un numéro... ou deux, lesquels, en revanche, sont tout entiers consacrés à la réclame de Mlle Raclife et de ses œuvres.

On n'est pas plus pratique.

Ce chef de communauté met une étonnante discrétion à ne pas afficher ses droits. Il appelle sa femme : « Mademoiselle. » Il la rencontre dans le monde et, parfois, un ami intempestif les présente l'un à l'autre ; ignorant qu'ils ont les meilleures raisons de se connaître. C'est fort piquant...

Il me touche, moi, ce garçon... Voilà un bien rare exemple de dévouement.

Je l'admire d'autant plus, qu'à l'encontre

de Mlle Raclife, qui pense que les « mâles »
ont une propension à l'avilissement, je
pense, moi, que les hommes *(les vrais)* ont
en général une dignité naturelle les ren-
dant impropres à ce rôle angélique.

Je trouve, en outre, qu'on nous mystifie
un peu, quand on nous parle de la virginité
irréductible de cette jeune femme. Nul
doute qu'elle ait tout avantage à intriguer
son public, à l'éterniser dans cette question
idiote qui va se répercutant d'écho en écho :

« Avoir fait l'*Homme-Vénus* et être une
vierge sage... pourtant ! O mystère ! ô
abîme ! ô énigme ! quand nous donneras-tu
ton mot ?.. »

Eh ! bonnes gens ! ne cherchez plus.
C'est vous qu'on trompe ici ; je vous le dis
sans emphase. Ce petit livre vous rensei-
gnera, j'espère, puisque vous tenez tant à
savoir si Mlle Raclife est, oui ou non, une
vierge sage...

La question ayant été mise, pour un

temps, à l'ordre du jour, rien ne m'empê-
chait d'apporter au débat mes lumières. De
mon propre mouvement, je ne l'aurais
point ravie à l'ombre d'où elle n'aurait jamais dû sortir.

De plus, n'ayant jamais rien demandé à
la réclame, j'ai le droit, il me semble, de
m'élever contre un de ses abus, de signaler
le ridicule de certains reportages et des
vierges apocryphes qui sont mariées en
noces, justes ou non, à des jeunes gens
bien portants.

FIAT LUX! FIAT JUSTITIA!

FIAT LUX

E T maintenant, mademoiselle,
taillez votre plume, votre
bonne plume de... corbeau qui
sait travailler dans les choses douteuses
et versez-moi un volume d'ordures sur la
tête. Je m'y attends. Mais je vous défie de
le faire bien noir, si vous le faites en bonne
foi et sans mensonges, ce qui est inad-
missible. Car vous possédez l'art du mensonge; vous l'aimez; vous en jouez mer-

17

veilleusement, en virtuose. C'est votre
arme offensive et défensive.

Nul doute que vos féaux, vos fidèles, ne
vous apportent leur précieux concours en
cette circonstance. Je les vois déjà évoluer
sous vos ordres. Pour stimuler ce beau
zèle, vous pouvez leur assurer que je n'ai
personne qui puisse prendre ma défense.
Ceci n'a l'air de rien, mais c'est ce qui a
fait, ce qui fera encore votre force. Le
champ leur est ouvert...

Toutefois, il n'est pas sûr que leurs coups
ne portent le plus souvent dans le vide.
L'opinion d'un *certain* public me préoccupe
médiocrement. J'estime que son indiffé-
rence est ce qu'on peut souhaiter de mieux;
mais, en tous cas, je préfèrerais une
renommée faite *malgré* lui à une renommée faite *par* lui.

Le véritable intérêt de ma vie, vous ne
sauriez l'atteindre, car c'est le désir de
savoir et la joie de comprendre.

Peut-être encore, y pourriez-vous quelque chose, en me faisant vitrioler; les yeux
surtout, je vous le recommande. — Entre un
être dépourvu de sens moral et... un crime,
il n'y a que l'épaisseur d'une occasion.

Mais nos jurys semblent entrer dans une
ère de bon sens. Ce serait vraiment dom-
mage que la confection des œuvres comme :
l'*Homme-Vénus* et *Madame de Sade* fût
remplacée par la confection des patins de
lisière.

Et j'ai fait ce livre dans la claire prescience de ce que votre haine pouvait me
réserver. Je l'ai fait, après réflexion, mais
sans hésiter; car je pense, à l'encontre de
la sagesse bourgeoise, que *toute vérité est
bonne à dire*. Qu'importe l'intérêt de celui
qui la dévoile ? Qu'importe l'intérêt de celui
qu'elle démasque ? C'est la vérité !

Vous êtes, mademoiselle, de l'école pratique du « tout pour parvenir » qui démora-
lise une société, l'amène aux compromis

lâches, à l'oubli de tous principes supérieurs
au savoir-faire et à l'habileté. Vous ne
comptez qu'avec le monde et vous avez fait
de la mode l'arbitre de vos destinées. Ce
qui n'est pas fier, je vous assure. La différence du bien au mal, du juste à l'injuste
vous touche peu. Seule, la différence de ce
qui peut nuire ou ne pas nuire vous affecte
sensiblement.

Ce qui vous manque, c'est la conscience,
ce centre moral de gravité sans lequel nous
ressemblons à des boussoles démentes.

Assez empêtrée de la réputation qu'on
vous a faite trop vite et trop tôt, vous cherchez (ce qui après tout est bien naturel,
bien humain) à prolonger l'illusion et vous
trichez avec le public, vous avez recours à
la mise en scène et aux *trucs*, vous dérobez
votre personnalité réelle, (la jugeriez-vous
décevante?) sous des bizarreries qui décon-
certent. Même, c'est grâce à un concours
de circonstances qui ne se reproduira ja-

mais peut-être, que j'ai pu vous mesurer
juste à votre taille.

Et j'ai livré dans cette critique mon
Mane, Tecel, Pharès...

J'ai vu l'opinion, travaillée par vos amis,
avoir pour vous des complaisances coupa-
bles qui lèsent l'équité, blessent la morale,
nous font déchoir aux yeux de l'étranger
et, avec l'audace des gens qui ne tiennent à
rien pour eux-mêmes, mais abhorrent
l'injustice et l'erreur, j'ai crié à l'opinion
qu'elle s'égarait.

Comme je n'ai pas craint de vous le dire
un jour, usant d'une franchise qui m'attira
votre inimitié après une bienveillance que
je n'avais certes pas demandée : On se rési-
gne à demeurer obscur, on casse des
pierres sur les routes, on meurt de faim
s'il le faut, mais on ne fait pas l'*Homme-
Vénus*, jamais, jamais...

Il me semble, d'ailleurs, inconcevable,
qu'on n'ait pas le respect du public ni le

respect de soi-même vis-à-vis de lui.
Surtout quand on est femme.

Aimant la liberté avec passion, je ne
peux admettre, cependant, celle de la brebis
galeuse qui contamine le troupeau... Je
ne peux l'admettre, avant que nous soyons
mûrs pour cette liberté absolue, avant que
chacun de nous puisse faire un justicier
invulnérable au danger. J'ai montré précisément que nous ne l'étions pas, puisqu'il suffit de quelques grâces féminines
mensongères pour nous désarmer.

Ce livre, malgré ce que vous en pourrez
dire, malgré ce qu'on en dit déjà, n'est donc
pas une œuvre de vengeance. Me venger de
quoi ? De quelques vilenies, de quelques mauvais procédés qui ne méritent que le dédain ?

C'est simplement une œuvre de conviction amenée par les circonstances.

Vous aimez la réclame, mademoiselle ?
Eh bien, en voilà. Ce n'était vraiment pas la
peine d'en faire à mes dépens.

Peut-être me reprochera-t-on d'avoir
excédé mes droits de critique en appréciant
votre caractère, bien que je n'insiste pas
sur ce point. Mais la littérature de nos
jours est trop personnelle pour qu'on
puisse l'étudier en éliminant toutes considérations de ce genre. L'étrange dépravation de vos livres amène le lecteur à se
demander si cette perversité d'esprit peut
s'allier à une loyauté de caractère. Hélas !
non. Et il n'est pas mauvais qu'on le
sache.

Plus intelligente, plus maîtresse de vos
actes, vous eussiez fait un Machiavel féminin fort à craindre. Avec une intelligence
peu ouverte, un esprit déséquilibré et
superficiel, vous n'arrivez qu'à faire un
enfant terrible dont il faut se garer.

Une seule chose ne m'appartenait pas :
c'était de juger vos mœurs. Je n'en parle
pas. Mais fussent-elles pures, elles ne
rachèteraient jamais vos œuvres perverses,

vos peintures licencieuses, vos impudeurs
de plume, vos effroyables sous-entendus...

C'est une hystérie contagieuse du cerveau, qui prend comme un phylloxéra moral
l'être à sa racine, et la « mouche d'or » qui
ne s'attaque qu'à la chair, est moins dangereuse que vous.

A l'heure où le ciel s'assombrit, là-bas,
du côté de l'Est, avec des menaces d'orage...
où des frères de race tournent vers nous
leurs yeux pleins d'une lassitude sup-
pliante, nous jetant, par intervalle, ce cri,
comme un salut de captifs : Vive la France !..
A l'heure où le monde s'apprête à contempler en témoin le duel de la force et du
droit..., où la vie nationale d'un peuple est
en jeu..., où tout est remis en question dans
la vieille Europe, qui hésite encore à mar-
cher en avant, vers la justice et la liberté,
ou à se replier pour des siècles dans les
errements du passé..., à cette heure, dis-je,
vous êtes mal venus, artistes de la déca-

dence, qui nous détournez de nos préoccupations viriles, qui nous chantez la beauté des éphèbes aux formes indécises et l'attrait troublant des mâles blonds et roses qui s'affublent en femmes...

Le moment, en vérité, est bien choisi pour mettre à l'ordre du jour la déchéance et l'infamie du sexe qu'on appellera demain peut-être au rude devoir qui veut des âmes fermes et des corps solides.

Quant à moi, j'aimerais encore mieux voir viriliser les femmes que voir abâtardir les hommes.

Allons ! arrière ! rêveurs malsains, fous, charlatans !.. Vos divagations nous gênent, bien qu'elles aient la valeur d'un délire de malades, et la réclame impudente qu'on fait autour de vos personnalités nous fatigue... Car c'est la réclame que vous voulez, non la critique, et vous tenez tous de l'histrion qui veut quand même et toujours être applaudi.

La critique! le grand jour! la vérité!
Comme vous en avez peur! Comme vous
nous détestez lorsque nous avons le cou-
rage de vous parler franc! Et comme les
femmes, en particulier, se montrent hai-
neuses, accoutumées qu'elles sont aux
servilités des imbéciles qui tremblent de
leur déplaire!

Eh bien! c'est notre devoir, à nous, de
ramener l'opinion que vous égarez; de
rétablir l'équité que vous violez. Si vous
trompez le public, nous avertirons le public; si vous vivez sur un mensonge, nous
dévoilerons ce mensonge; si vous avez
volé votre gloire, nous ferons pâlir cette
gloire... Puisque vous livrez à la circula-
tion, non seulement vos œuvres, mais vos
personnes, on vous contrôlera au passage,
et quand vous sonnerez l'or faux, vous
retomberez au creuset obscur des alliages
vils.

Confrères illustres! dont l'autorité fait

loi, renoncez à votre suprême et silencieux
dédain ; prenez un fouet de cordes, et chas-
sez du temple des lettres ces odieux trafi-
quants qui tiennent boutique d'insanités
immondes. Surtout que personne ne leur
serre la main.

Du moment qu'ils ont su faire si bon
marché de leur dignité et de leur conscience, il est d'autres métiers pour eux...

Et nous attendons, mademoiselle, sans
nous émouvoir, l'effet de vos rageuses
vengeances... Sans nous émouvoir....
n'ayant dit que la vérité, pas *toute*, mais la
vérité, et dès longtemps ayant pris pour
devise :

Fiat lux ! Fiat justitia !

TABLE

Préface.   1

Une Gamine qui promet.   1

L'Homme-Vénus.   15

Histoire d'un Caissier trop curieux   35

Le dernier des Chevaliers   49

Diane et sa Meute   63

Madame de Sade   83

Tous Mengins !   103

Fiat lux ! Fiat justitia !   121

www.ingramcontent.com/pod-product-compliance
Lightning Source LLC
Chambersburg PA
CBHW072104090426

42739CB00012B/2854